Das Geschäft von Emil Wilde am Hohenzollerkorso 10, heute Manfred-von-Richthofen-Straße. Schuhmacher war zur damaligen Zeit neben Wirt, Bäcker und Tabakhändler eines der häufigsten Gewerbe in Tempelhof und Mariendorf.

DIE REIHE
Archivbilder

BERLIN TEMPELHOF

Sabine Kaldemorgen

SUTTON
VERLAG

Sutton Verlag GmbH
Hochheimer Straße 59
99094 Erfurt
http://www.suttonverlag.de
Copyright © Sutton Verlag, 2004

ISBN 978-3-89702-689-6
Druck: Druckhaus „Thomas Müntzer" | Bad Langensalza

Der 72 Meter hohe Turm des Ullsteinhauses am Teltow-Kanal gehört mit dem Zentralflughafen Tempelhof zu den unverwechselbaren Wahrzeichen des Bezirks.

Inhaltsverzeichnis

Danksagung und Bildnachweis   6

Einleitung   7

1. Ortsansichten   9

2. Handel, Industrie und Gemeinwohl   39

3. Sport und Freizeit   61

4. Bildung und Kultur   75

5. Verkehr   89

6. Militärische Vergangenheit und Nachkriegszeit   113

Danksagung und Bildnachweis

Michael T. Röblitz möchte ich für seine wertvollen Hinweise und kritischen Anmerkungen bei der Durchsicht des Manuskripts danken.

Archive, Institutionen und Vereine

Archiv Museum Tempelhof-Schöneberg: 18u., 38u., 45u., 48u., 50o., 76o., 77o., 85, 94u.
Askanisches Gymnasium: 71u., 78-79
Beerdigungsinstitut Hahn: 42o., 119o.
Berliner Flughafengesellschaft mbH / Büro für Luftfahrtgeschichte: 98-107o., 108u.-109, 111, 112u., 114
BSV Friesen: 67u.-70, 115
Buchhandlung Menger: 42u.
DaimlerChrysler Konzernarchiv: 93o., 94o.
DRK-Archiv: 122u., 123o.
Diözesanarchiv der katholischen Kirche: 13o.
Evangelische Landeskirche in Berlin Brandenburg / Landeskirchliches Archiv: 20u., 27o., 31o., 57o., 120u.
Feuerwehrmuseum Berlin: 90u., 108o.
Lagerhaus Tempelhof: 127o., Titelbild
Landesarchiv Berlin: 14o., 94u., 120o. / Sass: 121u. / Blohm: 126u. / Gert Schütz: 54, 73u., 87u., 88u., 112o., 124-125
Lichtenrader Männerchor 1911 e.V.: 82u., 83o.
Polizeihistorische Sammlung: 110
Schokoladen Walter: 51u.
St.-Joseph-Krankenhaus: 20o., 119u.
TSV Tempelhof Mariendorf: 65u.-67o., 71o.
Wenckebach-Krankenhaus: 56u., 81u., 122o.

Private Leihgaben

Rosi Becher: 86-87o.
Walter Binte: 41u., 80o.
Peter Ketterling: 74
Charlotte Bertha Agathe Lehmann: 17, 51o., 73o., 75
Wolfgang Priewe: 72u., 80u., 81o.
Monika Reisel: 72o., 93u.
Michael Thomas Röblitz: 107u., 121o., 127u.
Ralf Schmiedecke: 89
Hans-Ulrich Schulz: 2, 4, 8, 9-12, 13u., 14u.-16, 18o., 19, 21-23o., 24-26, 27u.-30, 31u.-33, 35u., 39-41o., 43-45o., 46-48o., 50o., 52-53o., 55u., 56o., 60-65o., 82o., 84u., 90o., 91u., 92u., 95-97o., 113, 116-118o., 123u.
Ruth Walther: 23u., 34o., 36o., 76u., 77u.
Joachim Zahn: 34u.-35o., 36o., 37-38o., 49, 53u., 55o., 57u.-59, 83u., 84o., 88o., 91o., 92o., 97u., 118u., 126o.

Einleitung

In seinem berühmten Stadtlexikon von 1834 beschrieb Leopold Freiherr von Zedlitz Tempelhof als Dorf, das einen Besuch lohnt: „Eine schöne Linden-Allee und die herrschaftlichen Gärten machen das Dorf angenehm." Auch andere Zeitgenossen wie Theodor Fontane schätzten die ländliche Idylle des Ortes, dessen Felder im Norden bis an die Stadtmauer Berlins heranreichte.

Erst seit dem 1. Oktober 1920 gehörten Tempelhof wie auch Mariendorf, Marienfelde und Lichtenrade zu Berlin. Damals wurden acht Städte, 59 Landgemeinden und 27 Gutsbezirke eingemeindet. Die vier Ortsteile bildeten den 13. Verwaltungsbezirk, der im Zuge der Bezirksreform Anfang 2001 mit Schöneberg fusionierte – eine Verbindung, wie sie gegensätzlicher nicht sein könnte.

Während Schöneberg für vielfältige kulturelle Angebote, eine schier unüberschaubare Kneipenszene, alternative Lebensformen und „Multikulti" steht, gilt Tempelhof als Kulturwüste und spießbürgerlich. Dabei zeigt ein Rückblick auf die Geschichte, dass von kaum einem anderen Bezirk soviele Impulse für Technik und Fortschrift, einschneidende und weltbewegende Ereignisse in der Politik sowie neue Maßstäbe in Sport und Kultur ausgingen.

Im Mai 1945 unterzeichneten Generäle der Wehrmacht im Schulenburgring 2 die Kapitulation. Drei Jahre später hielt die Blockade die Welt in Atem. Einen Weltrekord erreichte eine AEG-Lok 1903 auf der Strecke von Marienfelde nach Zossen mit der Geschwindigkeit von 210,2 km/h. Im gleichen Jahr fasste der Vorstand der Daimler-Motoren-Gesellschaft einen Entschluss, der zwei Jahre später von den Berlinern als Sensation gefeiert wurde. Das Unternehmen hatte die ersten motorbetriebenen Omnibusse entwickelt. Um eine neue Art der Fortbewegung ging es auch den Flugpionieren auf dem Tempelhofer Feld mit ihren abenteuerlichen Konstruktionen. Der Amerikaner Orville Wright schaffte es 1909, eine Höhe von 160 Metern zu erreichen.

Das preußische Militär, das fast 200 Jahre lang auf dem Tempelhofer Feld „Revuen" und Manöver abgehalten hatte, kam nur noch zu großen Früh- und Herbstparaden auf dem Gelände vor dem Halleschen Tor zusammen. Tempelhof hatte sich Anfang des 20. Jahrhunderts von einer „Militärstadt" zu einem Ort entwickelt, der zum zweitgrößten Industriestandort Berlins werden sollte. Nach den Königlichen Hoflieferanten, die ihre Werkstätten entlang der Ringbahn eröffneten, lockten das billige Bauland und die günstigen Transportwege an den Bahnstrecken sowie der 1906 fertig gestellte Teltowkanal hauptsächlich Unternehmer der Stahl- und Eisenindustrie. Aber auch der Alltag wurde durch Produkte aus Tempelhof leichter und angenehmer. Schokolade und Pralinen der Sarotti Chokoladen- und Cacao-Industrie-AG waren nicht nur deutschen Genießern ein Begriff. Das Markenzeichen, ein Mohr, erinnert an den ersten Firmensitz bis 1913 in der Mohrenstraße. Ab 1926 produzierte die Elektrolux AG in der Oberlandstraße Staubsauger und Kühlschränke, einen Steinwurf entfernt Gillette Rasierklingen.

In der Oberlandstraße entstanden 1912 Filmateliers, aus denen 1918 der größte Medienkonzern Deutschlands hervorging. Zu den Stars der Universum-Film AG gehörten beliebte Schauspieler wie Pola Negri in der Stummfilmzeit und später Heinz Rühmann. 30 Jahre bevor die Ufa die neue Filmindustrie vorantrieb, gründeten Fußballer mit dem BFC Germania 1888 e.V. den ersten deutschen Fußballverein.

Das heutige Tempelhof war ein Bezirk des Sports. Die großen Freiflächen boten dazu ausreichend Gelegenheit. Das viele Grün der Parkanlagen, Kleingartenkolonien und Parkgürtel werden noch immer als Pluspunkte genannt, ein Umstand, der vielleicht dazu beiträgt, dass die Bewohner weniger „aufgekratzt" sind als der Durchschnittsberliner.

Schon Mitte des 19. Jahrhunderts zog es Ausflügler aus Berlin zu Spaziergängen in den „Luftkurort" oder zum Vergnügen in die Wirtshäuser. Die Zahl der Gäste überstieg an den Wochenenden bei weitem die Zahl der Bewohner. Wer es sich leisten konnte, quartierte sich in den

Sommermonaten in einem der Häuser rund um die Dorfauen in Lichtenrade, Marienfelde, Mariendorf oder „Templow", so Freiherr von Zedlitz, ein.

Die Endung auf „ow" lässt eine slawische Siedlung wie im nahen Spreetal vermuten, aber auf den Höhen des Teltow konnten keine Bodenfunde nachgewiesen werden.

Die Gründung von Lichtenrade, Marienfelde, Mariendorf und Tempelhof liegt weitgehend im Dunkeln. Wahrscheinlich kamen die ersten Bewohner um 1200 im Zuge der Ostkolonisation mit den askanischen Markgrafen, die alle fünf Kilometer ein dichtes Netz von Dörfern anlegten. In Lichtenrade rodeten die Siedler aus den rheinischen Gebieten den Mischwald, um den Ort anzulegen, nicht ahnend, dass sie sich in einer wasserreichen Gegend niederließen, die bis zum Bau des Regenwasserkanals 1929 regelmäßig überschwemmt war. Rund zwölf Kilometer weiter errichteten die Ritter des Templerordens am Klarensee eine Ordenskomturei. Wahrscheinlich erhielten sie die Dörfer Marienfelde, Mariendorf und Tempelhof von den Askaniern zur Bewirtschaftung. Nur ein rotes Kreuz und eine Mauerkrone aus drei Türmen im Wappen und einige Straßennamen erinnern an ihre kurze Herrschaft. Nach einem Verbot des Ordens übertrug der Papst den Johannitern 1318 die Ländereien, die sie 1435 an die Doppelstadt Berlin und Cölln weiterverkauften. In den folgenden Jahrhunderten ändern sich die Besitzverhältnisse häufig.

Die Verkaufsberichte geben ein wenig Aufschluss über das damalige Leben. Zu den ersten gehört 1375 das Landbuch von Karl IV., der nach dem Kauf der Mark Brandenburg seine Landreiter zu einer Inventur über die Bevölkerungszahl, Ländereien, Viehhaltung und Steueraufkommen durch die Dörfer schickte. Während sich Berlin im Mittelpunkt Brandenburgs zur europäischen Großstadt entwickelte, haben sich die ländlichen Strukturen der vier Dörfer bis ins 20. Jahrhundert erhalten. Erst mit dem Bau der Chaussee von Berlin nach Dresden im Jahre 1838, die in Tempelhof und Mariendorf mitten durch die Dorfanger führte, begann allmählich der Wandel zu einem Großstadtbezirk.

Die Ecke Dorfstraße und Berliner Straße, heute Tempelhofer Damm / Alt-Tempelhof, war in den 1920er-Jahren noch keine verkehrsumtoste Kreuzung. Am 31. August 1949 wurden alle Dorfstraßen des Bezirks umbenannt und mit einem „Alt" vor dem Ortsnamen versehen.

1
Ortsansichten

Ruderer vor dem Ausflugslokal „Blümel" auf dem Gelände des später entstandenen Volksparks Mariendorf. Die Besucher kamen nicht nur wegen des Kahnbetriebs. Es war erlaubt, in der Öffentlichkeit zu rauchen.

Auf dem ehemaligen Dorfanger, heute Alt-Tempelhof, plätscherte auch 1908 schon ein Brunnen.

Gesellschaftlicher Mittelpunkt für Großstädter und Dorfbewohner war das „Etablissement Kreideweiß" an der Dorfstraße 22. Die Berliner Gesellschaft tanzte und tafelte im Kaisersaal. Sportvereine aus Tempelhof trainierten in den Räumen von „Mutter Auguste".

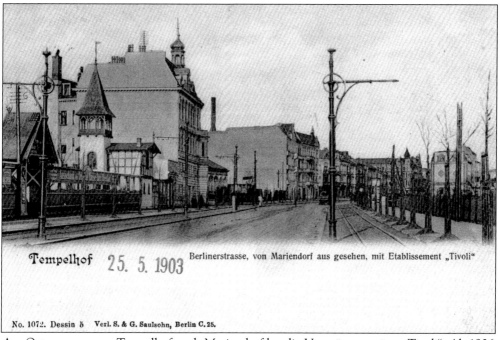

Am Ortsausgang von Tempelhof nach Mariendorf lag die Vergnügungsstätte „Tivoli". Ab 1906 führte an dieser Stelle die Brücke über den Teltow-Kanal.

An der Ringbahnstraße, parallel zur S-Bahn, entwickelte sich das erste Industrieviertel des Bezirks. Unter den niedergelassenen Firmen befanden sich Ende des 19. Jahrhunderts vorwiegend Werkstätten der Königlichen Hoflieferanten und Baufirmen.

Außer wenn am Wochenende oder an Feiertagen die Ausflugsgäste in Scharen aus Berlin in die Vororte zogen, war das Leben in Tempelhof eher beschaulich.

Die „Blanke Helle" auf Tempelhofer Wiesen: Der Legende nach wohnte ein Stier der heidnischen Göttin Hel in dem eiszeitlichen Pfuhl. Die monumentale Steinplastik von Paul Mersmann bewacht ihn heute am Alboinplatz, an dem seit 1938 die Ortsgrenze verläuft, auf Schöneberger Gebiet.

Hermann Bunning und Engelbert Seibertz erbauten 1898 bis 1899 die Herz-Jesu-Kirche mit Pfarrhaus. Damals konnten Passanten in der Friedrich-Wilhelm-Straße noch sehen, so weit das Auge reichte. Die katholische Kirche steht unter Denkmalschutz.

Um die Ecke, in der Werderstraße 24, wohnte eine Bauernfamilie, deren Haus schon bald einem Mietshaus weichen musste. Das Adressverzeichnis von 1912 nennt als spätere Mieter Handwerker, Arbeiter und Beamte.

Hermann Jansen gewann 1910 den Architektur-Wettbewerb für die Bebauung des Tempelhofer Feldes. Sein Entwurf sah auf dem westlichen Teil des ehemaligen Exerzierplatzes fünfgeschossige Häuser, eine geschwungene Straßenführung und einen 180 Meter breiten Parkstreifen vor, der den Viktoria-Park mit Alt-Tempelhof verbinden sollte.

Der Ausbruch des Ersten Weltkrieges verhinderte die Umsetzung von Jansens Entwurf. Nur wie hier an der heutigen Manfred-von-Richthofen-Straße wurden bis 1914 Häuser mit Geschäften und geräumigen Wohnungen für gutbürgerlicher Mieter gebaut.

Statt dessen entstand ab 1920 auf Betreiben von Staatsminister Adolf Scheidt und unter der Regie von Baustadtrat Fritz Bräuning eine Reihenhaussiedlung nach dem Vorbild englischer Gartenstädte.

Am Plantschbecken herrschte an sonnigen Tagen Hochbetrieb. Von den einstigen Wasserflächen im Parkring gegenüber der Rundkirche ist nur ein kleiner Teich erhalten, in dem sich Fische und Frösche tummeln.

Ursprünglich waren die Wohnungen in der gemeinnützige Siedlung Neu-Tempelhof für Veteranen des Ersten Weltkrieges gedacht. Durch die Inflation, die während der Bauzeit in den 1920er-Jahren einsetzte, konnten sich viele den Erwerb nicht leisten.

Gärtner hatten 1925 mit der Pflege der Grüngürtel und Blumenrabatten alle Hände voll zu tun. Die Pflanzen der Saison züchteten sie in der eigenen Gärtnerei.

Charlotte Bertha Agathe Lehmann unternimmt in den 1930er-Jahren mit dem Go-Cart Erkundungen durch die ringförmig angelegten Straßen von Neu-Tempelhof. Seit der Benennung vieler Straßen nach Piloten des Ersten Weltkrieges im Jahre 1936 wird die Siedlung auch „Fliegerviertel" genannt.

Ein Ausflug mit Mutter und Verwandten.

Der Friedensplatz erinnert an den Frankfurter Frieden von 1871, der den Deutsch-Französischen Krieg beendete. Der Platz, eher bekannt durch die „Spukvilla", bekam seinen Namen 1902.

Die Arbeiterwohlfahrt zog 1948 in die „Spukvilla" in der Albrechtstraße 110 und eröffnete eine Seniorenfreizeitstätte. Der Name des im Landhausstil gehaltenen Hauses geht auf die Zeit der Freiheitskriege gegen Napoleon zurück, als ein französischer Soldat die Kriegskasse dort vergraben haben soll.

Am Metzplatz hatte „Patzenhofer" eröffnet. Das Schild „Kaffeeküche" verbreitete sich seit Ende des 18. Jahrhunderts: Wirte stellten Gästen, die ihr eigenes Kaffeepulver mitbrachten, gegen Entgeld heißes Wasser und Geschirr zur Verfügung. Sie übernahmen die Idee von Gartenbesitzern, die damit das Verbot umgingen, Kaffee ohne Konzession auszuschenken.

Die Uniformierten, die damals noch das Straßenbild bestimmten, zogen Bier vor.

Grundsteinlegung für das katholische St.-Joseph-Krankenhaus 1927 mit Mutter Ewalda, Weihbischof Joseph Deitmer und Stadtrat Leonhard Adler. Die Oberin hatte in Zeitungen zu Spenden für den Neubau aufgerufen, da das Haus der Grauen Schwestern in der Niederwallstraße zu klein geworden war.

Im selben Jahr erfolgte der erste Spatenstich für die Kirche am Badener Ring. Mit ihrer Einweihung 1928 war die Bebauung des Tempelhofer Feldes abgeschlossen. Die schlichte Rundkirche von Fritz Bräuning war der erste Neubau der evangelischen Gemeinde nach dem Ersten Weltkrieg.

Eine rege Bautätigkeit herrschte auch am anderen Ende von Tempelhof. Architekt Eugen G. Schmohl baute 1925/26 das Druckhaus Tempelhof für die Verlegerfamilie Ullstein. Der Verlag gehörte neben den Pressekonzernen von Rudolf Mosse und August Scherl zu den drei größten in Deutschland.

Der Grundstein für das Rathaus Tempelhof von Oberbaurat Helmut Delius wurde am 20. April 1936 gelegt. Die Einweihung fand am 1. August 1938 statt.

Das 1905 erbaute Rathaus an der Kaiserstraße verlor mit dem Tempelhofer Neubau seine Funktion. Das Gebäude wurde nach der Zerstörung durch einen Luftangriff 1943 nicht mehr aufgebaut.

Seit 1864 ist die Dorfstraße in Mariendorf gepflastert. Südlich der Dorfaue befand sich das Verwaltungsgebäude. In Blickrichtung gelangte man zur Chaussee, heute Mariendorfer Damm.

Die Perspektive aus der Gegenrichtung. Auf der linken Seite liegen das Pfarrhaus und die Dorfschule, heute Heimatmuseum.

Schon 1909 planten Gemeindevertreter in Mariendorf, einen Volkspark anzulegen, um die Attraktivität des Ortes zu erhöhen und damit den Zuzug Besserverdienender zu erreichen. Rolf Fischer und Bernhard Kynast realisierten das Projekt ab 1922.

Karl Dahlmann lud an der Chausseestraße 56, heute Mariendorfer Damm, nach einem Sonntagsspaziergang zu Kaffee und Kuchen. Der Wirt besaß zuvor die „Marienhöhe" an der Attilastraße, die er aufgab, um sein Lokal zu vergrößern.

Nach einem Aufruf im „Teltower Kreisblatt" gründeten am 10. Dezember 1889 etwa 30 Männer im Gasthof „Zum schwarzen Adler" (Bild), den die Familie Haak am heutigen Mariendorfer Damm betrieb, den Männerturnverein Mariendorf. Von 1918 bis 1962 war hier das Adler-Kino untergebracht.

Die Ackerstraße in Mariendorf 1907, dem Jahr der Umbenennung in Königstraße. In den villenartigen Häusern gegenüber den Feldern wohnten damals hauptsächlich Beamte, Lehrer, Handwerker und Arbeiter der Gasanstalt.

In die Monopolsiedlung von Architekt Wolfgang Binder zogen in den 1920er-Jahren Beamte der Reichsmonopolverwaltung. Die Behörde, die dem Reichsfinanzministerium unterstand, überwachte das Branntweinmonopol. Sie befand sich in der Ringbahnstraße.

Zu Beginn des 20. Jahrhunderts hatte sich Mariendorf von einer kleinen Gemeinde zum Berliner Vorort mit Großstadtflair gewandelt. Ab 1902 fuhr die elektrische Straßenbahn nach Mariendorf und viergeschossige Mietshäuser ersetzten nach und nach die Landhäuser der Bauern. Die Bevölkerungszahl hatte sich von 1895 bis 1905 auf 9.018 erhöht und damit fast verdoppelt.

Bergstraße und Albrechtstraße am Volkspark Mariendorf bekamen am 1. September 1927 den Namen von Karl Prühß, dem ersten hauptamtlichen Gemeindevorsteher in Mariendorf von 1912 bis 1914, der im Ersten Weltkrieg fiel.

Die Dorfkirche Mariendorf stammt aus dem 13. Jahrhundert. Die evangelische Kirche wurde mehrmals umgebaut und steht unter Denkmalschutz.

Vor dem Mariendorfer Rathaus lag der schmucke Rathausplatz mit Feuerwache und dem 1. Realgymnasium für Knaben, der späteren Eckener-Schule. Der Platz verlor nach dem Neubau des Tempelhofer Rathauses seinen Namen, um Doppeldeutigkeiten zu vermeiden.

Spaziergänger flanieren 1917 über den Rathausplatz. Schirm und ein breitkrempiger Hut gehörten Anfang des 20. Jahrhunderts zur Sonntagskleidung.

Familienfoto an einem sonnigen Augusttag im Garten in der Strelitzstraße 2.

Der Wirt der „Marienhöhe", Karl Dahlmann, an der Attilastraße benannte sein Ausflugslokal mit Tanzsaal nach seiner Frau Marie. An das Lokal schloss sich ein parkähnlicher Garten an. Später zog er an die Chausseestraße 56.

Eine Familie vor ihrem Haus in der Großbeerenstraße 8, einer ehemaligen Handelsstraße von Berlin nach Großbeeren.

1932 stand der Kinderbrunnen von Waldemar Berger noch vor dem Rathaus an der Ecke Kaiserstraße und Rathausstraße. Nach dem Krieg wurden zahlreiche Denkmäler und Brunnen umgesetzt. Heute befindet sich der Kinderbrunnen im Volkspark Mariendorf.

Der Mariendorfer Damm in den 1950er-Jahren: Im Eckhaus verkaufte der Schöneberger Kaufmann Carl Richard Schmidt in einer seiner Filialen Lebensmittel. Später übernahm „Kaiser's Kaffee" die „Carisch"-Kette.

Die evangelische Dorfkirche in Marienfelde, um 1220 aus Feldsteinen erbaut und eines der ältesten Bauwerke in Berlin, liegt im Mittelpunkt eines denkmalgeschützten Dorfangers. Auf dem alten Friedhof rund um die Kirche befindet sich eine Erbbegräbnisstätte der Familie Kiepert.

Die Berliner Straße, heute Marienfelder Allee, in Marienfelde verband das Dorf mit der Bahnstation. Durch die gute Verkehrsanbindung nach Berlin entwickelten sich Ende des 19. Jahrhunderts neben dem alten Dorfkern eine Villenkolonie und ein Industriegebiet.

Damals schwankten noch mit Heu beladene Wagen durch die Straßen des Ortes zum „Lindenpark" an der Berliner Straße. Das Wirtshaus konkurrierte mit zwei weiteren am westlichen Dorfausgang und wurde im Zweiten Weltkrieg zerstört.

Katholische Ordensschwestern führten das Kloster Zum Guten Hirten in der Malteserstraße 169/171 in Marienfelde, dem ein Erziehungsheim für junge Mädchen angegliedert war. Mittelpunkt der Anlage ist der ungewöhnlicher Kirchenbau mit vier Schiffen. In dem 1968 geschlossenen Kloster befinden sich heute soziale Einrichtungen.

Die Bäckerfamilie von Carl Schindler in der Malteserstraße wünschte auf einer Postkarte „allen ein frohes und gesundes neues Jahr".

Die Gegend rund um den Kiepert-Platz entwickelte sich zur Villengegend. Der Platz ist nach Adolf Kiepert benannt, der 1844 das Gut Marienfelde kaufte und zu einem landwirtschaftlichen Musterbetrieb aufbaute.

Der „Wilhelmsgarten" am Lichtenrader Dorfteich war gesellschaftlicher Mittelpunkt der kleinen Landgemeinde. Am 19. Januar 1909 beschlossen die Gemeindevertreter, der Berliner Domkirche die Dorfaue und den Teich abzukaufen.

Das „Wirtshaus Lichtenrade", später Haus Buhr, lag verkehrsgünstig am Bahnhof und war seit der Eröffnung am 1. April 1894 eines der meistbesuchten Ausflugslokale.

Die Eckkneipe von Wilhelm Bungenstock an der Bahnhofstraße 51 war bis zu seinem Tod 1930 eine Institution und geselliger Treffpunkt für Vereinsmitglieder, die dem rauhbeinigen Wirt, ehemals Artillerie-Feldwebel, den Namen „Kanonenwilhelm" gaben.

Der Rehagener Platz, benannt nach einem Ort im Kreis Zossen, hieß von 1923 bis 1969 Moltkeplatz, zu Ehren des preußischen Feldmarschalls Helmuth von Moltke.

Auf der Dorfstraße trabten Anfang des 20. Jahrhunderts noch Pferde. 1900 lebten 878 Menschen im heute südlichsten Ortsteil von Tempelhof.

Die Lichtenrader Dorfkirche geht auf das 14. Jahrhundert zurück. Georg Schwartzopff veränderte 1902 das spitze Dach des Turmes. 1943 brannte die Kirche bis auf die Außenmauern aus und wurde 1949 im Rahmen eines Notstandsprogramms wieder aufgebaut.

Bauer Happe um 1900 vor seinem Haus an der Dorfstraße 12, heute Alt-Lichtenrade 118. Die Happes, eine alteingesessene Familie, kamen 1740 aus Waßmannsdorf im Norden des Teltow nach Lichtenrade.

Auf dem Grundstück Alt-Lichtenrade 25 drehte sich bis 1923 die Holländermühle von Adolf Paul Hänsch. Einige Meter weiter, Nummer 33, befand sich eine zweite Mühle.

Villen in der Mozartstraße, dem Musikerviertel: Nachdem Lichtenrade für die Berliner mit der Eisenbahn zu erreichen war, entstanden, bedingt durch das günstige Bauland, in rascher Folge sieben Siedlungen, die nach den Straßennamen benannt wurden.

Der heutige Hohenzollernplatz war um 1915 ein gartenarchitektonisches Kleinod. Repräsentative Anlagen wie diese dienten in der Schmuckplatzära nicht nur als Zentrum künftiger Siedlungen, sondern steigerten auch den Bodenpreis. Das Diakonissenmutterhaus „Salem" an der linken Seite des Platzes war eines der wenigen Häuser am Stadtrand.

2
Handel, Industrie und Gemeinwohl

Die Konsum-Genossenschaft in Berlin und Umgebung, gegründet 1899, eröffnete am 16. Juli 1908 die 21. Verkaufsstelle in Mariendorf. Nur Mitglieder konnten in der Kaiserstraße 110 einkaufen.

Posamenten-Handlungen entstanden als neues Gewerbe im 18. Jahrhundert. Luise Lehmann verkaufte in Mariendorf kleine Bänder.

„Drogen" wie pflanzliche Kräuter, Schuhputzmittel oder Bleichwasser bezogen Tempelhofer damals in der Apotheke an der Berliner Chaussee, die 1949 in Tempelhofer Damm umbenannt wurde.

Das Buttergeschäft von Robert Schröter in der Berliner Straße 40 war eine von mehreren Filialen.

Walter Binte im „Spar"-Geschäft von Schölermann in der Kunigundenstraße. Bei dem umfangreichen Sortiment standen nach seiner Erinnerung Schulhefte neben Farbeimern. In den 1960er-Jahren verdrängten Supermarktketten die so genannten Tante-Emma-Läden.

Das Bestattungsinstitut Hahn um 1892 an der Berliner Straße 143, heute Tempelhofer Damm 157.

Am Haus der Buchhandlung Menger fuhr in den 1950er-Jahren noch die Straßenbahn vorbei.

Zu Beginn des 20. Jahrhunderts gründete der jüdische Kaufmann Edmund Elend an der Ecke Berliner und Friedrich-Wilhelm-Straße sein Kaufhaus Tempelhof.

1913 errichtete Elend nur eine Ecke weiter an der Kaiserin-Augusta-Straße ein neues Kaufhaus, das in der NS-Zeit unter dem Namen „Sera" arisiert wurde. Nach dem Krieg führte Carl Walden das Kaufhaus bis 1966 weiter. Die Karstadt AG übernahm das Haus am Tempelhofer Damm und errichtete einen Neubau in ähnlichem Stil.

Film=Kopierwerk Afifa Tempelhof. Negativkontrollraum

Tempelhof war in den 1920er-Jahren ein Medienstandort. Die Universum-Film AG (UFA) siedelte sich 1918, ein Jahr nach der Gründung, in der Oberlandstraße an und baute 1921 in der Viktoriastraße das Kopierwerk Afifa. Die Filmgesellschaft, an der die Deutsche Bank und General Ludendorff beteiligt waren, bildete einen europäischen Gegenpol zur Filmindustrie in Hollywood. Die Nationalsozialisten verstaatlichten das Filmimperium. Seit 1979 nutzen die Betreiber des Kulturzentrums Ufa-Fabrik die ehemaligen Gebäude der Afifa.

Die Daimler-Werk in Marienfelde gehen auf eine Gründung von Adolf Altman zurück. Der Ingenieur verlegte seine Motorfahrzeug- und Motorenfabrik Berlin (MMB) 1899 von Berlin nach Marienfelde. 1902 fusionierte die Firma mit der des schwäbischen Tüftlers Gottlieb Daimler.

Die Arbeiter des Fritz-Werner-Werks stellten wichtige Rüstungsgüter wie Gewehrläufe, Munition und Präzisionswerkzeuge her. Die Maschinenfabrik wurde 1913 in der Daimlerstraße errichtet und galt als fortschrittlicher Industriebau.

Gasanstalten waren lange Zeit in britischer Hand. Die Imperial Continental Gas Association baute 1901 an der Dresdner Eisenbahn. Der Standort bot mit dem schon in Planung befindlichen Teltow-Kanal die notwendigen Verkehrsverbindungen.

Das Gelände der Gasanstalt 1912 an der Lankwitzer Straße 45-47. Erst zehn Jahre zuvor war Lichtenrade an die Gasversorgung angeschlossen worden, nach Marienfelde 1897 und Tempelhof 1878. Seit 1996 ist die Gasanstalt geschlossen.

Albert Mendels Chemische Fabrik stellte ab 1930 Arzneimittel in der Oberlandstraße 65 her.

Von 1903 bis Anfang der 1990er-Jahre gingen bei Schwarzkopf Haarpflegemittel vom Band. Die Produktionsstätte in der Alboinstraße 36-42 an der Grenze zu Schöneberg lag abseits der Tempelhofer Industriegebiete.

Im Reichspostzentralamt an der Ringbahnstraße entwickelten Rundfunktechniker den Fernsprechdienst und den Fernseher. 1951 sendete der NWDR, der Vorläufer der ARD, zwei Stunden Programm aus dem Backsteingebäude von 1928.

Ein Zeitungsverkäufer bot 1928 u.a. die beiden großen Blätter des Ullstein-Verlages an. Die „BZ am Mittag" war seit 1904 die erste weit verbreitete Boulevardzeitung mit großen Schlagzeilen. Die angesehene „Vossische Zeitung" wandte sich an bürgerliche Leser.

1909 baute die Gemeinde Lichtenrade der Freiwilligen Feuerwehr ein Spritzenhaus. Damals rückte diese zu Löscheinsätzen noch mit Pferden aus.

Erst um die Jahrhundertwende wurden im Landkreis Teltow Feuerwehren gegründet. 1906 taten sich Freiwillige in Lichtenrade zur Hilfeleistung bei Großbränden und Unglücken zusammen. In Berlin arbeiteten seit 1851 Feuerwehrleute in einer Berufsfeuerwehr, der ersten in Europa.

Am 20. Januar 1922 stand das Fabrikgebäude der Sarotti AG, die feinste Schokolade, Pralinen und Marzipan herstellte, in Flammen. Im Zuge der Randwanderung der Berliner Industrie zog das Unternehmen zunächst zum heutigen Mehringdamm 57 und 1913 in die Teilestraße am Teltow-Kanal. Das Feuer brach bei der Erweiterung der Produktionshalle aus.

Der Brand dauerte drei Tagen. Die Löscharbeiten gestalteten sich durch Frost und eine unkoordinierte Vorgehensweise der Feuerwehr schwierig. 1997 übernahm die Stollwerck AG das Traditionsunternehmen. Pralinen werden seitdem in Köln hergestellt, Schokoladentafeln in der Motzener Straße in Marienfelde.

Bertha und Fritz Arndt mit Tochter und einem Neffen in ihrer Bäckerei mit Café am Hohenzollernkorso 4. Der Sarotti-Mohr hinter ihnen an der Wand warb als Markenzeichen seit 1918 für Schokoladen und Pralinen.

Das Schaufenster von „Schokoladen-Walter" in den 1950er-Jahren: Der Besitzer rief seine Kunden einmal im Jahr dazu auf, einen Slogan über „Schokoladen-Walter" zu dichten. Der Gewinner erhielt ein aufwändig gestaltetes Kunstwerk aus Schokolade.

Bauer Hänsch versetzte die Adlermühle 1888 vom Schlesischen Tor an den Buchsteinweg. Der Galerie-Holländer war eine von ehemals neun Mühlen in Mariendorf. Er steht unter Denkmalschutz und dient seit 1969 dem Schwimmverein „BSV Friesen" als Vereinssitz.

Die Landbrotbäckerei von Fritz Gerloff in der Kaiserstraße 3 war eine von mehreren Dutzend in Mariendorf, was dem Ort den Namen „Bäckerdorf" einbrachte. Die Bäckereien bestanden meist nur aus einer Backstube, in der das Brot für die Berliner gebacken wurde.

Um frische Kuhmilch zu erhalten, brauchten die Mariendorfer bis in die 1960er-Jahre hinein nicht weit zu laufen.

Hermann Kaufmann verkauft um 1925 in der Dorfstraße 46, heute Alt-Lichtenrade 89, „Brod". Die Gebrüder Grimm missbilligten die Endung auf „d" in dem von ihnen ab 1852 veröffentlichten „Deutschen Wörterbuch". Die zweite Orthografische Konferenz 1901 in Berlin setzte die Schreibweise „Brot" fest.

Schnitter und Beamte 1889 auf dem Gut Marienfelde. Die von Karl Friedrich Schinkel erbaute Villa spiegelte im Kleinen die Geschichte des Bezirks wider: Sie war Turnsaal, später Gefangenenlager. Hier fanden Dreharbeiten statt, und in den 1950ern war die Villa ein Ort der Sommerfrische für Kinder.

Alfred Kiepert verkaufte 1929 das ehemalige Rittergut an die Stadt Berlin. Als der erste Gutsinspektor 1946 den landwirtschaftlichen Betrieb übernahm, fand er auf dem Hof nur ein Schwein und ein Pferd vor. Zehn Jahre später war das Gut wieder zum Großbetrieb geworden.

Das Sanatorium in Lichtenrade. Geistig Kranke wurden Anfang des 20. Jahrhunderts vor der Eröffnung der kommunalen Heilanstalt Buch in privat geführten Häusern untergebracht. Um diese Zeit ließ sich auch der erste Arzt, Dr. Rüde, in Lichtenrade nieder.

Das Rote-Kreuz-Krankenhaus „Marienheim" war das einzige Krankenhaus in Mariendorf. Es lag an der Britzer Straße. Engagierte Frauen des „Vaterländischen Frauenvereins vom Roten Kreuz" gründeten es 1910.

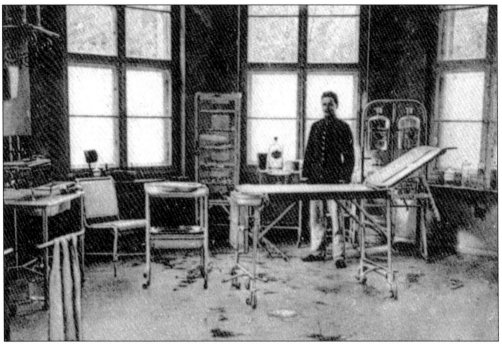

Während des Deutsch-Französischen Krieges 1870/71 errichtete die Militärführung ein Barackenlazarett auf dem Tempelhofer Feld, da die Krankenhäuser in Berlin nicht über ausreichend Betten verfügten. Der Bau das Garnison-Lazaretts II, heute Wenckebach-Krankenhaus, begann 1875.

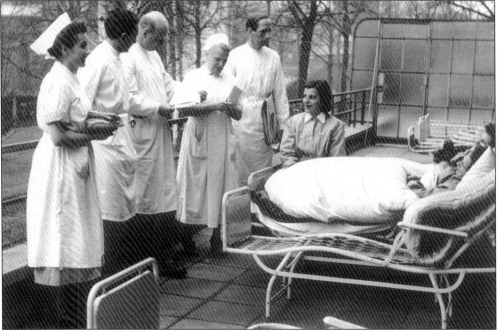

Visite auf der Terrasse des Wenckebach-Krankenhauses, das auf einen Beschluss der Bezirksverordneten von 1950 den Namen des Herzspezialisten Karl Friedrich Wenckebach erhielt.

Einer der ersten Kindergärten in Mariendorf befand sich im heutigen Werkhaus Anti-Rost an der Kreuzung Kaiserstraße und Rathausstraße. Der Raum, in dem die Kinder in den 1930er-Jahren Mittag essen, fiel später durch Umbaumaßnahmen weg.

Das Sanatorium „Fichteneck" in der Mozartstraße 35-36 geht auf die Pfister'sche Anstalt zurück und beherbergte ab 1928 den „Tannenhof", eine städtische Heilanstalt für über 100 Jungen, in der heute Drogenabhängige betreut werden.

In dem großen Wirtschaftsbetrieb bereiteten Erzieher geistig behinderte Jugendliche auf ein selbständiges Leben vor.

In mehreren Werkstätten erhielten sie eine praktische Ausbildung.

Genug Arbeit gab es auch in der Gärtnerei, in der die Schwächsten einfache Tätigkeiten erlernten.

Aus allen Bezirken der Stadt kamen die Jugendlichen in die Villa mitten im Wald, teils auf freiwilliger Basis, teils auf Anweisung einer Fürsorgestelle.

Die Freiwillige Sanitätskolonne des Roten Kreuzes in Tempelhof-Mariendorf genoss seit ihrer Gründung 1909 hohes Ansehen. Der Hilfsorganisation schlossen sich Sanitäter des Heeres und junge Menschen an, um bei Unfällen erste Hilfe zu leisten. Ein städtischer Sanitätsdienst existierte noch nicht.

Die Freiwillige Feuerwehr in Tempelhof wurde 1883 gegründet. Auch bei geselligen Anlässen trugen die Männer Uniform. Die Wache befand sich an der Dorfstraße 43, später Alt-Tempelhof 28, in einem ehemaligen Bauerngehöft, das bis auf ein Stallgebäude 1959 für den Neubau abgerissen wurde. Der erste moderne Löschzug wurde hier in Dienst gestellt.

3
Sport und Freizeit

Die Trabrennbahn Mariendorf im Jahr 1914, ein Jahr nach der Eröffnung, noch mit dem alten Zielturm. Die Anlage mit Fachwerkgebäuden und einer Tribüne im Jugendstil galt als die modernste in Deutschland.

Das erste Inventar des 1889 gegründeten Männerturnvereins Mariendorf bestand aus einem Reck, einem Barren, einem Sprunggerät und einer Matratze. Schon 1900 baute der Verein eine Turnhalle an der Lankwitzer Straße.

Als die Alliierten 1947 Vereinsaktivitäten wieder zuließen, fusionierten die Mariendorfer Turner aus Mangel an Mitgliedern nach dem Zweiten Weltkrieg mit dem Männerturnverein Tempelhof 1894 zum TSV Tempelhof Mariendorf.

Ab 1898 schlossen sich Radfahrer deutschlandweit in Arbeiter-Radfahr-Vereinigungen zusammen. In Marienfelde traten Radler bei „Solidarität" in die Pedale.

Der Fußballsport stand in Tempelhof und Mariendorf an erster Stelle. Außer dem Borussia-Sportplatz an der Attilastraße gab es zahlreiche weitere Möglichkeiten, Fußball zu spielen. Der erste Fußballverein Deutschlands, BFC „Germania 1888" e.V., bolzte auf dem Tempelhofer Feld.

Ausländische Vereine waren in Mariendorf zu Gast. Der Schottische Meisterschafts-Club von 1905/06 „Celtic" spielte gegen den Fußballverein „Viktoria" auf dem vereinseigenen Sportplatz an der Feld-Straße 76, der heutigen Kurfürstenstraße.

Gruppenfoto der Fußballer von „Vorwärts", „Berolina", „Hertha" und „Viktoria". Die Vereine trafen sich am 7. November 1915 zu einem Turnier. Drei Mal kam der Deutsche Meister Anfang des 20. Jahrhunderts aus Mariendorf. Der Verein „Union 92" gewann die Trophäe, eine „Viktoria", 1905 und der Fußball-Club „Viktoria" siegte 1908 und 1911.

Volksläufe haben eine lange Tradition. Unter den Läufern über 30 Kilometer am 23. März 1930 befanden sich Betriebssportler des Fritz-Werner-Werks.

Der TSV Tempelhof-Mariendorf läuft 1950 bei der Einweihung in das Friedrich-Ebert-Stadion an der Bosestraße ein.

Im Sommer 1934 veranstalteten die Nationalsozialisten ein Volksfest in Mariendorf.

Turner und Leichtathleten beim gemischten Turnwettkampf 1935.

Handballspielerinnen 1935 auf der Wiese an der Götzstraße gegenüber der Luise-Henriette-Schule.

Adolf Lewissohn betrieb das „Seebad Mariendorf" an der späteren Ullsteinstraße. An heißen Sommertagen kamen bis zu 4.000 Besucher in das private Bad mit mehreren Becken, Restaurationsbetrieb und Veranstaltungssälen.

Anbaden 1913 im „Seebad". Ein Jahr zuvor fanden auf der 130 Meter langen Sportbahn die Ausscheidungswettkämpfe für die Olympischen Spiele statt.

Gruppenbild vor der Grotte, dem Wahrzeichen des „Seebades". Bevor Adolf Lewissohn das Schwimmbad 1872 eröffnen konnte, hatte er zahlreiche Tümpel und Teiche auf dem Gelände ausgebaggert.

Der Badeanzug für Herren kam langsam außer Mode. Die Schwimmanzüge wurden knapper.

Die Schwimmerinnen des BSV „Friesen" gründeten 1913 eine Damenabteilung. Geschwommen wurde nach wie vor getrennt nach Geschlechtern.

Emil Schulz, Vereinsvorsitzender des BSV „Friesen" von 1919 bis 1920, trainierte als erfolgreicher Schwimmer wie seine Vereinskameraden im „Seebad".

Unter dem Motto „Quer durch Tempelhof" fand im August 1929 ein Staffellauf durch den Bezirk statt.

Die 1904 gegründete Ruderriege des Askanischen Gymnasiums siegte 1955 im Achter bei der Schüler-Regatta.

Die Reiter des Ländlichen Reitervereins Lichtenrade e.V., der auf eine Gründung im Jahr 1924 zurückgeht. Die Reiter veranstalteten Turniere und standen bei Hochzeiten und anderen Feierlichkeiten Spalier.

Wolfgang Priewe hat Mitte der 1950er-Jahre einen Reitkurs gewonnen. Der Ländliche Reiterverein ermöglichte Kindern und Jugendlichen, die nicht verreisten, diesen Ferienspaß.

Kinder fahren im harten Winter 1946 im Parkring unterhalb der Kirche auf dem Tempelhofer Feld Schlitten.

Ganz andere Abfahrten waren für Wintersportler auf der Marienhöhe möglich. Trümmeraufschüttungen nach dem Krieg machten aus den so genannten Rauen Bergen mit 72,5 Metern nach den Havelbergen und dem Insulaner die dritthöchste Erhebung im westlichen Teil der Stadt.

Blitzschachwettkampf über 30 Stunden ohne Unterbrechung im Vereinshaus des Schachclubs Tempelhof 1931 e.V., Alt-Tempelhof 46.

Bei der Einweihung des neuen Clubhauses 1974 in der Colditzstraße 21/23 gönnten sich Tempelhofer Honoratioren eine Partie Skat. Am Tisch sitzen (v.l.) Senatsdirektor D. Kreft, der Ehrenvorsitzende W. Liermann, BVV-Vorsteher H. Grützmacher und der Vorsitzende des Schachclubs, Oberkonsistorialrat S. Dreusicke.

4
Bildung und Kultur

Charlotte Bertha Agathe Lehmann mit Schultüte vor ihrem Elternhaus im Kanzlerweg am Tag der Einschulung. Zur Schule musste sie nicht weit laufen. Die 12. Volksschule befand sich im neuen Schulgebäude von 1929 an der heutigen Boelckestraße, in dem auch das Vereinigte Askanische und Tempelhofer Gymnasium untergebracht war.

Von 1915 bis zum Umzug in das neue Schulgebäude in der Boelckestraße hatte das Tempelhofer Gymnasium die Klassenräume am damaligen Deutschen Ring. Wegen der Lage auf dem Parkring hieß die Schule auch „Parkschule" oder „Brettergymnasium". In einem Teil des Gebäudes fand der Unterricht für Grundschüler statt.

Fritz Walther, in der ersten Reihe als Zweiter von links, 1910 als Schüler in der Dorfschule Mariendorf. In das Gebäude an der Dorfstraße, heute Alt-Mariendorf 43, zog 1957 die Arbeitsgemeinschaft zur Pflege der Heimatgeschichte ein.

Mädchen hatten lange Zeit nur eine Adresse für eine weiterführende Schule: das Luise-Henriette-Lyzeum. Erst 1916 in der Germaniastraße eingeweiht, ging es aus einer privaten Schule für höhere Töchter an der Tempelhofer Dorfstraße hervor.

Elterntag in der Käthe-Kollwitz-Schule in Lichtenrade: Die Hauswirtschaftslehrerin Frau Friedrich (2.v.l.) präsentierte 1953 mit ihren Schülerinnen, was sie gebacken hatten.

Die Schule in der Kaiserin-Augusta-Straße war ab 1907 Sitz des Realgymnasiums, 1938 wurde sie in Leo-Schlageter-Schule umbenannt. 1945 zog das Askanische Gymnasium hier in sein nunmehr drittes Schulgebäude seit der Gründung am Askanischen Platz 1875 ein.

Flaggenparade im Herbst 1933 auf dem Schulhof des Realgymnasiums: ein dunkles Kapitel für alle Schulen, die schon zur Zeit des Nationalsozialismus bestanden.

Viktor Herold, der erste Direktor nach 1945, und die Schulsekretärin hatten viel zu tun. Neben der Beseitigung der Kriegsschäden musste Herold die Berliner Schulreform umsetzen: Ausdehnung der Grundschule bis zur 6. Klasse und gemeinsamer Unterricht für Jungen und Mädchen.

Im Lehrerzimmer stand 1954 ein großer Eichentisch, an dem das mittlerweile auf 30 Köpfe angewachsene Kollegium Platz fand. In diesem Raum entschieden die Lehrer über die Versetzung des späteren Physikers und Krebsforschers Manfred von Ardenne und des Studentenführers der 1960er-Jahre Rudi Dutschke.

An der Berliner Straße 148, am Ort des einstigen „Kreideweiß", entstand 1911/12 das Haus „Zum Kurfürst" mit Hotel, Restaurant und Veranstaltungssaal. Auch während der NS-Zeit fanden hier zahlreiche Veranstaltungen statt. 1964 schloss das als „Dorfeck-Kurfürst" bekannte Kino.

Wolfgang Priewe nach der Einschulung 1945 mit Klassenkameraden im Hof eines ausgebrannten Gebäudes. Auch die Schule in der Werderstraße war ein Provisorium. Aus Mangel an Schulgebäuden, Lehrern und Inventar wurde an manchen Schulen im Schichtsystem unterrichtet.

Zehn Jahre später stellte sich die Abschlussklasse der Technischen Realschule in Lichtenrade dem Fotografen.

Unterricht in der Schwesternschule des Wenckebach-Krankenhauses.

Die Thielsche Musikkapelle in Mariendorf 1903. Die Lust am gemeinsamen Musizieren und Singen war zur damaligen Zeit noch ausgeprägter als heute. Außerdem gab es zahlreiche Tanzsäle, die vor der Erfindung des Radios und der Verbreitung der Schellack-Schallplatte Orchester beschäftigten.

Zum 15. Jubiläum 1926 war das Lichtenrader Männerquartett 1911 e.V. auf über 20 Stimmen angewachsen. Die Mitglieder änderten daher den Vereinsnamen 1927 in Lichtenrader Männerchor 1911 e.V.

Theodor Körner, erster Dirigent des Lichtenrader Männerquartetts 1911 e.V., gründete in den 1920er-Jahren einen Frauenchor. Drei Monate nach dieser Aufnahme wanderte er nach Amerika aus.

Hermione von Preuschen führte in ihrem „Tempio" in der Lichtenrader Prinzessinenstraße 14 ein mondänes Leben. Wenn sie nicht um die Welt reiste, lud die Malerin und Dichterin zu rauschenden Festen in exotischem Ambiente oder schockierte die Berliner Damen mit Berichten über ihre Abenteuer.

Das Schützenhaus an der Lichtenrader Chaussee im Jahre 1910. Auf den weitläufigen Wiesen riefen die Schützen zur Jagd. Das allgemeine Waffenverbot nach 1945 beendete die Jagdausflüge, was die neuen Siedler und hunderte von Hasen gefreut haben dürfte.

Großgärtnereien und Kleingärten konnten sich im Bezirk Tempelhof halten, der nach Spandau zum zweitgrößten Industriestandort angewachsen war. Hobbygärtner trafen sich im Pflanzverein „Tempelhofer Schweiz e.V. 1926". Das Wohnviertel rund um das Friedrich-Ebert-Stadion wird, aus ungeklärten Gründen, als Tempelhofer Schweiz bezeichnet.

Lichtenrader Gewerbetreibende um den Geschäftsmann Hermann Wundrich organisierten im Mai 1955 das „Lichtenrader Blütenfest" mit einem breiten Programm. Feuerwerk, Festumzug und Reitervorführungen fanden ein Jahr später letztmals statt.

Statt zur „Baumblüte in Werder" zogen „Tausende und aber Tausende von Berlinern nach Britz und Lichtenrade", schrieb die „Berliner Morgenpost". In ausgelassener Stimmung ließen sie sich dort den Obstwein schmecken und wählten eine „Blütenkönigin".

Kinder beim Erntedankfest in der 1925 gegründeten „Kolonie Alpental": Ob hinter der Namengebung ein Faible für die Bergwelt stand, ist nicht überliefert. Das Feuerwerk, das die Firma Nieland stiftete, war über die Bezirksgrenzen hinaus bekannt.

Für die Kinder tanzte bei einem Sommerfest in der Rixdorfer Straße der Bär.

Trotz Sonnenschein lüfteten die Damen ihre Röcke nur leicht. Der Schirm schützte vor der Sonne und sorgte für den Erhalt der vornehmen Blässe.

Unter dem Motto „Renntag der Mode" fand auf der Trabrennbahn Mariendorf eine Modenschau statt. Die Kleider des Sommers 1960 hatten einfache, elegante Schnitte, ebenso wie die Herbst- und Winterkollektion aus Popeline, die zur gleichen Zeit bei der Modewoche „Durchreise" am Kurfürstendamm zu sehen war.

Das Kino „Roma" in Lichtenrade an der Bahnhofstraße konkurrierte in den 1950er-Jahren noch mit 17 weiteren Kinos im Bezirk Tempelhof. Zur Zeit der Aufnahme lief dort der Film „Der Sieger", für den John Ford 1952 einen Oscar erhielt.

Die Freilichtbühne an der Marienhöhe 1953. Im darauf folgenden Jahr, am 13. Juni 1954, wurde sie mit Tanz und Musik festlich eingeweiht. Auf der Marienhöhe sollten Großstädter Sommer wie Winter Erholung finden. In den 1970er-Jahren wurde die Freilichtbühne wieder abgebaut.

5
Verkehr

Die Haupthalle des Zentralflughafens Tempelhof. Bis zur Einweihung am 2. Juli 1962 wurden Passagiere von PanAm, BEA und Air France in einem provisorischen Hallentrakt am Tempelhofer Damm abgefertigt.

Die schnurgerade Chaussee führte ab 1838 von Berlin durch Tempelhof, Mariendorf und Lichtenrade nach Dresden. Ab 1901 fuhr die elektrische Straßenbahn der Linie 96 durch Tempelhof und ersetzte die Pferdebahn.

Am 7. September 1904 brannte es in der Hauptwerkstatt der Eisenbahn. Das Feuer brach in der Lackier- und Sattlerwerkstatt aus. Die Flammen zerstörten das 100 Meter lange Fachwerkgebäude und mehrere Züge vollständig. Die Flammen waren weithin über das Tempelhofer Feld zu sehen.

Erst am 17. Oktober 1928 erhielten die Lichtenrader mit der Linie 99 Anschluss an das Straßenbahnnetz. Hier hält sie zwei Jahre danach an der Goltzstraße gegenüber der Gärtnerei Schramm. Der Betrieb wurde in der Nacht vom 30. September auf den 1. Oktober 1961 eingestellt.

Vom Bahnhof Steglitz kommt gerade der Wagen 28 der Linie IV der Teltower Kreisbahn vor dem Rathaus Mariendorf an. Um 1900 fuhr diese Linie durch die Kaiserstraße bis zur Chausseestraße.

Vor der Schmiede der Familie Sameisky in Lichtenrade steht ein Wagen des Pferdeomnibusses im Jahre 1911 zur Reparatur. Ein Vorfahre aus Marienfelde, Friedrich Sameisky, erwarb 1798 die Dorfschmiede in der Dorfstraße 2, später Alt-Lichtenrade 96.

Taxifahrer warteten am Droschkenhalteplatz in Mariendorf auf Kundschaft. Heute befindet sich auf diesem Abschnitt der ehemaligen Chaussee-/Dorfstraße der Eingang zur U6.

Omnibusse aus dem Daimler-Werk in Marienfelde werden im Mai 1914 an die Berliner Hochbahngesellschaft ausgeliefert. Erst neun Jahre zuvor war die erste Omnibuslinie auf der Strecke vom Halleschen Tor zur Chausseestraße in Betrieb genommen worden.

Eine Ausflugsfahrt war damals noch ein Erlebnis.

Neben Omnibussen produzierte Daimler noch weitere Nutzfahrzeuge. Der Lastkraftwagen von 1922 transportierte Lasten bis zu drei Tonnen, an der Seite ist Werbung für die linksgerichtete Tageszeitung „Berliner Morgenpost" angebracht. Sie erschien als Gegengewicht zu den kaiserfreundlichen Blättern seit 1898 mit hoher Auflage im Ullstein-Verlag.

An der Stelle, an der 1875 auf dem ersten Betriebshof die Pferde der Pferdebahn in einer Remise wieherten, errichtete Jean Krämer in der Kaiserin-Augusta-Straße die Eisenkonstruktion für den neuen Straßenbahnhof. Durch die Teilung Berlins stellte die BVG den Straßenbahnbetrieb nach und nach ein. Am 1. Oktober 1961 schloss das Tempelhofer Depot.

Der Hafen von Tempelhof war einer von insgesamt neun entlang des Teltow-Kanals. Er entstand aus dem Lindwerder Pfuhl, einem der unzähligen Tümpel, die das eiszeitliche Schmelzwasser auf Tempelhofer Gebiet hinterlassen hatte. Als Vorbild für den Bau der Lagerhäuser dienten dem Architekten Schmidt Speicher in alten Hafenstädten.

Der Verkehr zu Lande und zu Wasser nahm zu. Die Vereinigten Berliner Kohlenhändler VAUBEKA an der Teilestraße 8 verluden an ihrem Lagerplatz Koks und Kohle. Nach der Fertigstellung 1906 trug der Kanal wesentlich zum wirtschaftlichen Aufschwung des Bezirks bei. An den Ufern siedelten sich hauptsächlich Fabriken aus der Eisen- und Stahlindustrie an.

Der Bahnhof der Neukölln–Mittenwalder-Eisenbahn, den die Fabriken beiderseits des Teltow-Kanals zur Beförderung ihrer Güter nutzten.

Kein Bahnhof ohne Restaurant in der Nähe: Gäste stehen 1913 vor dem Wirtshaus von Wilhelm Jordan.

Die Bahnstation „Mariendorf" heißt nach der Umbenennung 1992 heute „Attilastraße". Schmucke Bahnhofsvorplätze vermittelten zu Anfang des 20. Jahrhunderts den Ankömmlingen einen ersten Eindruck vom Ort.

Der neue Bahnhof in Lichtenrade war am 30. Oktober 1910 fertig gestellt. Durch die günstige Verkehrsverbindung zwischen dem Ort und Berlin zogen nicht nur Ausflügler nach Lichtenrade, sondern zunehmend kauften neue Siedler das billige Bauland.

Der Flugbetrieb steckte 40 Jahre, nachdem der Maler Arnold Böcklin mit seinem Gleitflugapparat versuchte, in Tempelhof in die Luft zu gehen, noch in den Anfängen. In einer Bretterbude wurde der Flugbetrieb organisiert. Die Flugzeuge kamen in zwei hölzernen Schuppen unter.

An der Kaserne des Eisenbahn-Regiments, heute etwa Gontermann-/Wölfertstraße, landete 1898 der Ballon „Condor" auf dem westlichen Teil des Tempelhofer Feldes. Hier entstand in den 1920er-Jahren die Siedlung Neu-Tempelhof. Der östliche Teil wurde gleichzeitig durch den Bau des Flughafens zur Großbaustelle. Daneben, auf der Höhe des Polizeipräsidiums am Tempelhofer Damm, wurde ein Sportstadion für 60.000 Zuschauer gebaut.

Arbeiter fällen in der Hasenheide Bäume, um Platz für den Flughafenausbau zu schaffen. Um Höhenunterschiede auszugleichen, mussten sie 300.000 Kubikmeter Erdmassen bewegen.

Arbeiter 1924 beim Bau der Flughafenstraße, die auf der Höhe der Paradestraße in die Berliner Straße, heute Tempelhofer Damm, mündete. Die erste Anlage des Flughafens war etwa um ein Drittel kleiner als das heutige Flughafengelände.

Bei der Planierung des Feldes glichen die Arbeiter 1925/26 Erhebungen von bis zu fünf Metern und Senken von vier Metern aus.

Wichtigstes Gerät bei den Bauarbeiten waren Traktoren.

Die Schafe der Berliner Flughafengesellschaft sorgten bereits um 1925 dafür, dass der Rasen kurz blieb. In der Nachkriegszeit gab es in West-Berlin zuwenig Schafscherer für die Herde. Schäfer aus der DDR halfen aus und verrichteten ihre Arbeit unter den wachsamen Augen amerikanischer Soldaten.

Das Wölfert'sche Luftschiff, hier mit seinem Konstrukteur, explodierte kurz nach dem Aufstieg 1897 vor den Augen zahlreicher Schaulustiger.

Wagemutige Akrobaten bei Kunststückchen in der Luft.

Fallschirmspringen war Mitte der 1920er-Jahre noch nicht perfektioniert und erforderte großen Mut.

Der Schlagflügelapparat von Gustav Lilienthal in Tempelhof, an dem er bis zu seinem Tod am 1. Februar 1933 bastelte.

Thea Rasche, auch die „rasche Thea" genannt, und Ernst Udet begeisterten mit ihren Kunstflügen die Zuschauermassen in Tempelhof. Ihre Verlobung lösten sie eine halbe Stunde vor der Hochzeit in gegenseitigem Einvernehmen.

Die Flughafenpolizei trifft 1927 letzte Vorbereitungen für eine Flugveranstaltung.

Oskar Dimpel turnte bei einer Flugshow um 1935 an einem Doppeldecker. Während des Fluges montierte er vor den begeisterten Zuschauern die Räder ab und wieder an.

Sternflug im Oktober 1932 anlässlich der Deutschen Luftsportausstellung (Dela). 100 Sportflugzeuge starteten aus allen Teilen des Reiches, um an den Großveranstaltungen in Staaken, Johannistal und Tempelhof teilzunehmen.

Die Flugwetterwarte um 1930. Mit ihrer Hilfe landeten 1927 die ersten Atlantikflieger aus den USA, Chamberlin und Leviné, sowie 1931 das Luftschiff „Graf Zeppelin" sicher auf dem Flughafen.

Der Scheinwerferwagen der Luftaufsicht.

Die Straßenbahn der Linie 73 hielt 1927 noch vor dem Haupteingang des Flughafens.

Das Abfertigungsgebäude mit Hotel und Festsaal lag an der damaligen verlängerten Lilienthalstraße / Ecke Flughafenstraße. Die Architekten Paul und Klaus Engler errichteten den Bau 1928/29 zwischen den beiden Hallentrakten. Wenige Jahre später war die Kapazität des Flughafens an seine Grenze gestoßen. Die Zahl der Passagiere hatte sich verdreifacht.

Feuerwehrmänner standen am 4. Juli 1928 vor der eingestürzten Halle am Ostrand des Flughafens Tempelhof. Eine Sturmkatastrophe hatte in Berlin Verwüstungen angerichtet. Die schwersten Schäden entstanden auf dem Flughafen. Zwei Maschinen, die in der Halle untergebracht waren, und eine, die auf dem Flugfeld stand, wurden zerstört.

Die Maschine, der die Berliner den Spitznamen „Himmelsziege" gaben, flog von Berlin nach Stettin. Später wurde der Flugzeugtyp für Rundflüge über Berlin eingesetzt.

Der Einstieg in eine Fokker „F2" über eine Hühnerleiter war problematisch. Weibliche Reisende waren 1926 auf die freundliche Unterstützung eines Lufthansa-Mitarbeiters angewiesen. Mit einer Maschine wie dieser eröffnete die am 6. April 1926 gegründete Deutsche Lufthansa AG den Linienflugverkehr auf der Strecke Berlin–Halle–Erfurt–Stuttgart–Zürich. Der Pilot saß in einem offenen Cockpit.

Die Focke-Wulfmaschine, ein neuer Flugzeugtyp, kurz vor dem Start zum Deutschen Rundflug für Kleinflugzeuge. Die Tageszeitung „B.Z." hatte den Preis der Lüfte 1925 ausgeschrieben.

Während der Blockade durch die sowjetische Besatzungsmacht von Juni 1948 bis Mai 1949 versorgen die westlichen Alliierten die Berliner mit Lebensmitteln und Hilfsgütern aus der Luft. Der Zentralflughafen Tempelhof wird in aller Welt zum Symbol für eine freie Welt.

Während der Luftbrücke starben 39 Briten, 31 Amerikaner und vier Deutsche. 277.264 Mal starteten Piloten, um fast 2 Millionen Tonnen Hilfsgüter in die Stadt zu bringen.

Verladung der 10.000. Tonne am 9. November 1952 im Rahmen der kleinen Luftbrücke: Diese Luftbrücke war kommerzieller Art, da die DDR-Regierung den Transitverkehr von und nach West-Berlin systematisch verhinderte.

Der erste „Follow me"-Wagen wird 1954 entladen und beendet die Zeit, in der Radfahrer mit Leuchtstäben die Piloten auf der Rollbahn einwiesen.

Anlässlich des ersten Fluges von Tempelhof nach Düsseldorf am 27. April 1954 unterhielt die amerikanische Fluggesellschaft Pan American Airways die Passagiere mit einer Modenschau. Am selben Tag verhandelte der Berliner Senat mit den amerikanischen Fluggesellschaften darüber, den Preis von Flugtickets den Bahnfahrkarten anzugleichen.

Der Flughafen mit dem – nach dem Pentagon in Washington – größten Dach der Welt, 1.230 Meter lang, galt als moderne Anlage. Der Bau des Flughafens in Tegel 1975 beendete den zivilen Luftverkehr in Tempelhof vorerst bis in die Nachwendezeit. Der helle Fleck auf dem Flugplatz bezeichnet den Standort der Flughafengebäude in den 1920er- und 1930er-Jahren.

6
Militärische Vergangenheit und Nachkriegszeit

Der Tempelhofer Kriegerverein errichtete auf der ehemaligen Dorfaue 1894 das Kaiser- und Kriegerdenkmal. Es diente dem Gedenken an die Gefallenen des Deutsch-Französischen Krieges 1870/71 und an die Reichsgründung. In der Weimarer Republik hieß es nur noch Kriegerdenkmal und wurde zum Bedauern des Vereins durch Graffiti verunziert. 1941 ließ der Bezirksbürgermeister das Denkmal in aller Heimlichkeit morgens um 5 Uhr als Metallspende abreißen.

Das Tempelhofer Feld diente der Berliner Garnison ab 1722 nicht nur als Übungsfeld, sondern auch für Gottesdienste unter freiem Himmel.

An einer großen Pappel pflegte Kaiser Wilhelm II. die Paraden abzunehmen. Täglich marschierten die Soldaten aus der Kaserne an der General-Pape-Straße zum Übungsplatz, bis dieser nach Zossen verlegt wurde. Danach fanden nur noch große Frühjahrs- und Herbstparaden auf dem Tempelhofer Feld statt.

Im Vereinshaus des BSV „Friesen" am Seebad Mariendorf halten junge Männer eine Zeitung, die über den Ausbruch des Ersten Weltkrieges 1914 berichtet.

Frauen der „Friesen" stricken Socken für die Vereinsmitglieder an der Front.

Alle verfügbaren Säle mussten für die Verwundeten geräumt werden, so auch der Veranstaltungssaal des „Kurfürsten".

Von 1914 bis 1918 lagen bis zu 400 Verwundete im Lazarett „Seebad Mariendorf".

Mitglieder der kaiserlichen Familie besuchten 1916 Verletzte im „Tivoli", das zum Reserve-Lazarett II umfunktioniert worden war.

Der Einsatz der Soldaten erfolgte 1915 im Verteilungskommando an der Dorfstraße, heute Heimatmuseum.

Das Wachtkommando der Kriegsgefangenen des III. Armeekorps am 13. Februar 1916 vorm Gaswerk Mariendorf. Über die Unterbringung der Gefangenen während des Ersten Weltkrieges ist wenig bekannt.

Notstandsarbeiter 1950 vor dem Dorfteich in Lichtenrade. Im Hintergrund die wieder aufgebaute Kirche.

Bomben zerstörten 1944 dieses Haus am Tempelhofer Damm 157.

Die Nonnen des St.-Joseph-Krankenhauses bei Aufräumarbeiten. Das Krankenhaus wurde mehrfach von Bomben getroffen.

So genannte „Trümmerfrauen" besserten 1946 die Fahrbahn der Berliner Straße aus. In der Nachkriegszeit halfen diese Frauen bei der Beseitigung der Kriegsschäden. Da sie schwere körperliche Arbeit verrichteten, erhielten sie höhere Lebensmittelrationen. Sie wurden zum Symbol für den Wiederaufbau. Hinter der Straßenbahn ist der Turm des Tempelhofer Rathauses zu sehen.

Wiederaufbau der im Krieg zerstörten Tempelhofer Dorfkirche von 1954 bis 1956. Die Kirche entstand um 1200 und gehörte zur Komturei der Ritter vom geistlichen Templerorden.

Der Südflügel des Verwaltungsgebäudes, die Motorenbaugebäude und die Montagehalle der Daimler Benz AG in Marienfelde lagen 1945 in Trümmern. Während des Krieges war das Werk mehrfach Ziel von Bombenangriffen.

Die Theateraufführung des Ensembles „Porgy und Bess" fand 1952 auf einer provisorischen Bühne statt. Währen der Europa-Tournee spielten sie in einer vom Krieg zerstörten Fabrikhalle der C. Lorenz AG in der Volkmarstraße. Das Deutsche Rote Kreuz hatte hier ein Notaufnahmelager eingerichtet.

An Tuberkulose Erkrankte erholen sich auf der Terrasse des Wenckebach-Klinikums. Die Krankheit war bis in die 1950er-Jahre weit verbreitet.

Die Kinderluftbrücke startete 1953, organisiert durch das Deutsche Rote Kreuz, zum ersten Mal. US-Streitkräfte flogen mehrere tausend Kinder aus Westberlin in den Sommermonaten für vier bis sechs Wochen zu „Ferieneltern".

Nicht alle Kinder, die von Tempelhof aus starteten, sahen bei der „Verschickung" gelassen aus.

Das Bundesnotaufnahmelager in Marienfelde diente Heimkehrern aus der Kriegsgefangenschaft und Flüchtlingen aus der DDR als erste Anlaufstelle.

Am 14. April 1953 weihte Bundespräsident Theodor Heuss das Bundesnotaufnahmelager in Marienfelde ein. Krisensituationen in der DDR wie der Arbeiteraufstand am 17. Juni im gleichen Jahr führten zu einem steten Flüchtlingsstrom nach West-Berlin.

Im Sommer vor dem Mauerbau 1961 stieg die Anzahl der Flüchtlinge. In der Woche vom 15. bis zum 21. Juli 1961 kamen 8.602 Menschen nach Marienfelde.

Nach der Ankunft machte sich bei Vielen erst einmal Erschöpfung breit.

Willy Brandt, damals Regierender Bürgermeister von Berlin, sprach am 21. Juli 1961 mit den Menschen im Lager.

Erste Grenzbefestigungen am Siekeweg in Lichtenrade nach dem 13. August 1961. Der Zaun trennte die DDR vom amerikanischen Sektor. Viele Bauern in Lichtenrade verloren über Nacht ihre Felder, da sie auf der anderen Seite des Stacheldrahts lagen. Nach dem Mauerbau ging die Zahl der Flüchtlinge drastisch zurück.

Großer Andrang herrschte zum „Tag der offenen Tür" auf dem Flughafen. Die US-Streitkräfte hatten 1948 zunächst nur ausgewählte Gäste, darunter Senatsmitglieder und Geschäftsleute, geladen, um ihnen die Möglichkeiten ihrer Luftwaffe vorzuführen. Daraus entwickelte sich eine Traditionsveranstaltung – hier um 1954 – mit Ausstellungen und Attraktionen.

Am Hafen Tempelhof lagerte ein Teil der Senatsreserve. 1949, nach der Blockade, verordnete die Alliierte Kommandantur, für die Westberliner einen Vorrat an Dingen des täglichen Lebens und nicht verderblichen Lebensmitteln an geheimen Standorten anzulegen. Am Tag nach der Wiedervereinigung begann die Auflösung der Reserve.

In einer für die Denkmalgeschichte beispiellos kurzen Zeit wurde knapp zwei Jahren nach dem Ende der Blockade am 10. Juli 1951 ein Denkmal für die Opfer der Luftbrücke eingeweiht. Die drei Stahlrippen von Eduard Ludwig symbolisieren die Luftkorridore und zeigen nach Westen. Auf dem Dach der Abflughalle ist die 4,5 Meter hohe Adlerstatue zu sehen.

Sutton Verlag

BÜCHER AUS BERLIN

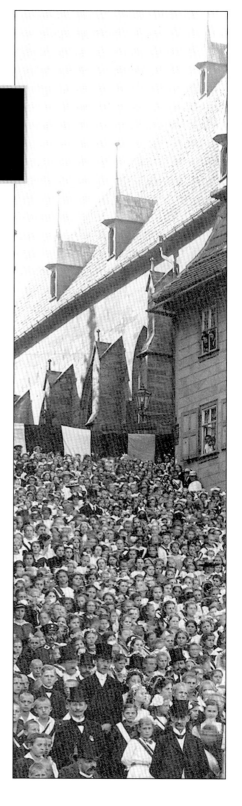

Berlin-Charlottenburg
Christian Hopfe
978-3-89702-442-7 | 17,90 € [D]

Berlin-Schöneberg. Nicht nur „wie einst im Mai"
Michael-Thomas Röblitz und Ralf Schmiedecke
978-3-89702-729-9 | 17,90 € [D]

Berlin-Steglitz
Christian Hopfe
978-3-89702-639-1 | 17,90 € [D]

Wedding. Mitten in Berlin
Ralf Schmiedecke
978-3-89702-366-6 | 17,90 € [D]

Kurfürstendamm. Berlins Prachtboulevard
Peter-Alexander Bösel
978-3-86680-284-1 | 17,90 € [D]

Wilmersdorf
Udo Christoffel
978-3-89702-049-8 | 14,90 € [D]

Von der alten Apotheke bis zum Zauberladen
Traditionelle und besondere Läden in Berlin
Heimatarchiv
Hannelore Ellersiek
978-3-86680-378-7 | 16,90 € [D]

SUTTON
VERLAG